BELLUM

Imaginare, hic esset.

Si hic bellum esset. Quo ires?

Si maxima pars patriae, maxima pars oppidi bombis deleta esset?
Si parietes domus, in qua cum familia vivis, foramina haberet? Si omnia vitra fractae essent, tectum abreptum esset?
Hiems imminet, calefactio defecta est, tectum imbres transmittit. Solum in cellario vivere potestis. Mater tua bronchitide laborat, et mox iterum pneumoniam accipiet. Frater maior calamitate cum mina tres digitos manus sinistrae amisit et nunc parentibus invitis militiam adiuvat. Soror minor particulis granatae in capite vulnerata est, in valetudinarium iacet, ubi omnes res desunt. Avus et avia de vita decesserunt, cum bomba gerontocomium eorum contigerit.

---

bomba, -ae f. = *Bombe*; **paries, -etis m.** = *Wand*; **foramen, -minis n.** = *Loch*; **vitrum, -a, n.** = *Fensterscheibe*; **abreptum** (v. abripere = *wegreißen*); **hiems, -is f.** = *Winter*; **calefactio, -onis f.** = *Heizung*; **imber, imbris m.** = *Regen*; **cellarium, -i n.** = *Keller*; **bronchitis, -idis f.** = *Bronchitis*; **pneumonia, -ae f.** = *Lungenentzündung*; **mina, -ae f.** = *Mine, Sprengfalle*; **amisit** (v. amittere = *verlieren*); **parentibus invitis** = *gegen den Willen der Eltern*; **particula granatae f.** = *Granatsplitter*; **caput, -itis n.** = *Kopf*; **valetudinarium, -ii n.** = *Krankenhaus*; **de vita decedere** = *sterben*; **gerontocomium, -ii n.** = *Altenheim, Pflegeheim*;

Adhuc incolumis sed timore captus es. Mane, meridie, vespere, nocte. Quotiescumque missile procul emissum est, horrescis, quotiescumque lumen in finiente illucescere vides et nescis, num missile nunc ad te volet. Quotiescumque alicubi fragor sonat, horrescis. Quot amicorum nunc percussi sint?

Fistulae aquariae iam diu ruptae sunt. Cottidie cum fratre maiore per vias et per forum prope curiam usque ad currum aquam distribuentem publicum ire debes, ambo duas situlas gerentes. Per forum properare necesse est. In nonnullis aedificiis insidiatores se abdunt, Graeci vel Francogalli, qui satis diu in Germania vivebant, ut Germanos esse putentur. Sed qui non satis diu in Germania vivebant, ut se partem nostrum esse habeant, si bellum regnat et natio hominum populum in amico et adversario dividit.

---

incolumis, -e = *unversehrt*; **quotiescumque Adv.** = *sooft, wann auch immer*; **missile, -lis n.** = *Rakete*; **emissus est** (v. emittere = *abfeuern*); **horrescere** = *zusammenzucken*; **finiens, finientis m.** = *Horizont*; **illucescere** = *aufleuchten*; **alicubi Adv.** = *irgendwo*; **fragor, -oris m.** = *Lärm*; **percussi sint** (v. percutere = *treffen* (mit einem Geschoß)); **fistula aquaria f.** = *Wasserrohr*; **currus aquam distribuens publicus m.** = *öffentlicher Wasserversorgungswagen*; **situla, -ae f.** = *Eimer*; **insidiator, oris m.** = *Heckenschütze*; **natio, -onis f.** = *Nation, Nationalität*;

Peior quam timor est fames. Pessimum est frigus. Perpetuo friges, quamquam mensis November vix coepit.
Nescis, quomodo hiemem superare possitis. Medicus dicit matrem hiemem proximam in cellario supervicturam non esse. Domum meliorem vobis parare non potest. Sunt nimis alii, qui hiemem proximam in cellario non superabunt.

---

fames, -is f. = *Hunger*; **frigus, -oris n.** = *Kälte*; **friges** (v. frigere = *frieren*); **medicus, -i m.** = *Arzt*; **cellarium, -ii n.** = *Keller*; **supervicturam** (PFA v. supervivere = *überleben*);

Amicus dilectissimus evanuit. Pater eius membrum conventus foederalis legatorum erat. In mundo novo legatis locus non est. *Democratia duxit ad Unionem Europaeam, et Unio Europaea fracta est.* Sic dicunt. In mundo novo democrati grati non sunt. Patri contigit, ut patriam in tempore relinqueret. Familiam patrem sequi decretum erat. Familia secuta non est.

---

amicus dilectissimus m. = *bester Freund*; **conventus foederalis legatorum** = *Bundestag*; **democratia, -ae f.** = *Demokratie*; **Unio Europaea f.** = *Europäische Union*; **democratus, -i m.** = *Demokrat*; **patri contigit** = *es gelang dem Vater*; **sequi** = *nachfolgen*;

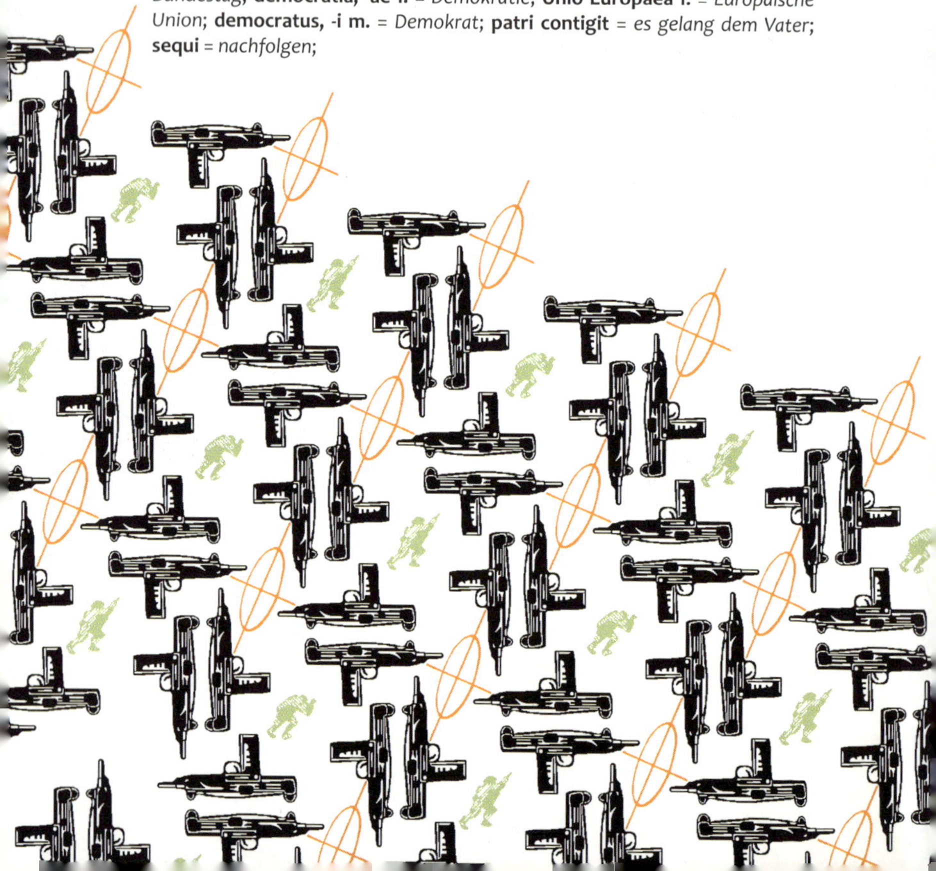

Triduo serius, postquam pater patriam reliquit, custodes aequationis recenter instituti venerunt et amicum tuum fratremque minorem abduxerunt. Post octo dies frater minor revenit, oculo sinistro carens et caput mire movens. Perpetuo in angulo sedet, semper nuens et dicens: »Vero non, nescio, nescio.« Mater vias peragrat et cibos mendicat et omnes de filio maximo interrogat, quamquam is mortuus esse rumor narratur. Sine filio mater patriam relinquere non potest. Nullo pacto patriam relinquere potest. Illa terra, quae patrem acceperat, conductionem familiarum non amat. Mater ipsa persecutione non premitur, asylum accipere non potest.

triduum, -i n. = *3 Tage*; **serius Adv.** = *später*; **custodes aequationes m.** = *Gleichschaltungspolizei*; **recenter instituti** = *neu eingerichtet*; **frater minor m.** = *der kleine Bruder*; **oculus, -i m.** = *Auge*; **sinister, -tra, -trum** = *linke*; **mire Adv.** = *seltsam, merkwürdig*; **perpetuo Adv.** = *ständig; immer zu*; **angulus, -i m.** = *Ecke*; **nuere** = *nicken*; **mendicare** = *betteln*; **filius maximus m.** = *der älteste Sohn*; **rumor, -oris m.** = *Gerücht*; **conductio familiarum f.** = *Familienzusammenführung*; **persecutio, -onis f.** = *Verfolgung*;

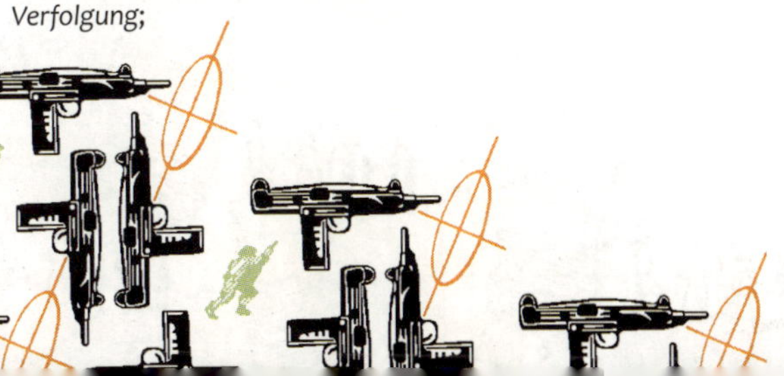

Patrem non iam rogas: »*Quo?*«
Quo eatis?

Quo? responsum non habet. Familia vestra in numerum mutata est: Quinque!
Est nulla terra, quae quinque fugitivos amplius accipere vult. Fugitivi, qui lingua vernacula non utuntur, qui nesciunt, quomodo in *societate erudita* se gerere oporteat:
Vicinus honeste tractandus est et hospes superior quam se ipse habendus est et honestas feminae observanda est. Fugitivi, qui in ardore vivere nesciunt. Vero non, est nulla terra, quae *homines corruptos* e regione septentrionali accipere velit. *Contemptores Dei*, qui modum vivendi Muslimorum corrumpere volunt.

---

responsum, -i n. = *Antwort*; **quinque** = *fünf*; **fugitivus, -i m.** = *Flüchtling*; **vernaculus, -a, -um** = *einheimisch*; **uti** = *benutzen*; **eruditus, -a, -um** = *gebildet*; **vicinus, -i m.** = *Nachbar*; **hospes, -itis m.** = *Gast*; **honestas, -atis f.** = Tugend; *Anständigkeit*; **ardor, -oris m.** = *Hitze*; **corruptus, -a, -um** = *dekadent, verdorben*; **regio septentrionalis f.** = *Norden*; **contemptor Dei** = *Freigeist*; **Muslimus, -i, m.** = *Moslem*;

Neque laborare possunt. Lingua Arabica uti nesciunt, et dure laborare non solent. Fugitivi ex Europa nihil aliud quam scidas chartaceas convertere possunt. Quod nullibi opus est! Ita dicitur in mundo Arabico, in regione proxima, ubi pax regnat et facultates tempori futuro praebuntur.

Quo ergo?

---

scidae chartaceae f. = *Papierseiten, Papiere*; **nullibi Adv.** = *nirgendwo*; **facultas, -atis f.** = *Möglichkeit*;

Paulo ante annum ineuntem patri tuo contingit, ut cum nonnullis viris conveniat, qui fugitivorum portationes in mundum Arabicum instituunt. Hoc iter periculosum et maximi pretii est, sed pater hoc necesse esse constituit, ut familia servetur. Mater timore capta fere insanit.

Vobis omnia vendenda sunt, quae adhuc vestra sunt. Multum pecuniae pro eis rebus non accipitis. Nemo aliquid habet, quocum solvere potest. Vix satis est ad solvendum itineris et documentorum falsorum. Maximi pretii erant documenta factionis. Quae demonstrent te et patrem tuum membra factionis politicae fuisse. Quae vobis aditum ad asylum parent. Ubi tuti eritis, tum vos omnes laborare debebitis. Omnia, quae necessaria sunt, facere paratus es. Atque vias verrere vel latrinas alienorum hominum purgare.

---

annus iniens m. = *Neujahr*; **fugitivorum portatio f.** = *Flüchtlingstransport*; **omnia n. pl.** = *alles*; **documentum factionis n.** = *Parteinachweis*; **factio, -onis f.** = *Partei*; **aditus, -us m.** = *Zugang*; **parare** = *verschaffen*; **verrere** = *fegen*; **latrina, -ae f.** = *Toilette*; **purgare** = *reinigen*;

Solum bombas relinquere vis, atque timorem et frigus. Altera avia etiam mortua est. Mater adhuc facultatem supervivendi habet.

Per Poloniam usque ad Ucrainam migrare possetis. Ibi autem omnia quoque corruerunt. Nemo aliquid possidet, nullus labor ibi est, atque iam nonnulla decies centena milia fugitivorum in castris miseris vivunt, sine facultate scholam, medicum, laborem adeundi. Pater tuus familiae vestrae spem temporis futuri boni reservare vult. Bellum diu mansurum esse putat. Sed aliquando domum revenietis. Itaque eruditionem accipiatis, aliquid, quocum victum comparare potestis, si quando iterum domum revenietis.

Polonia, -ae f. = *Polen*; **Ucraina, -ae f.** = *Ukraine*; **corruere** = *zusammenbrechen*; **decies centena milia** = *Millionen* (zehnmal einhunderttausende); **adeundi** (v. adire = *aufsuchen, besuchen, hingehen*); **tempus futurum n.** = *Zukunft*; **reserverare** = *bewahren*; **mansurum** (PFA v. manere = *fortbestehen, dauern*); **eruditio, -onis f.** = *Ausbildung*; **victus, -us m.** = *Lebensunterhalt*; **quando** = hier: *aliquando*;

Totam spem in hac una re collocatis. Nescitis, num patruos et amitas, amicos et patriam umquam revideatis. Dentes comprimis et tales cogitationes denegas. Cum media nocte tramen ascenditis, nihil amplius quam illas res, quae in parvis peris ab adiutores fugae permissis vobiscum portatis: vestes ad mutandum et unam rem dilectissimam.

Diarium tecum duxisti. Te moneat vitam ante bellum fuisse: tum Germani populus varius erant, ubi licuit homines differentes sententias habere.

---

spem in una re collocare = *die Hoffnung auf eine Sache setzen*; **dens, dentis m.** = *Zahn*; **dentes comprimere** = *die Zähne zusammenbeißen*; **tramen, traminis n.** = *Zug*; **pera, -ae f.** = *Ranzen, Rucksack*; **adiutor fugae m.** = *Fluchthelfer*; **res dilectissima f.** = *Lieblingssache*; **diarium, -ii n.** = *Tagebuch*; **differens, differentis** = *verschieden*; **sententia, -ae f.** = *Meinung*;

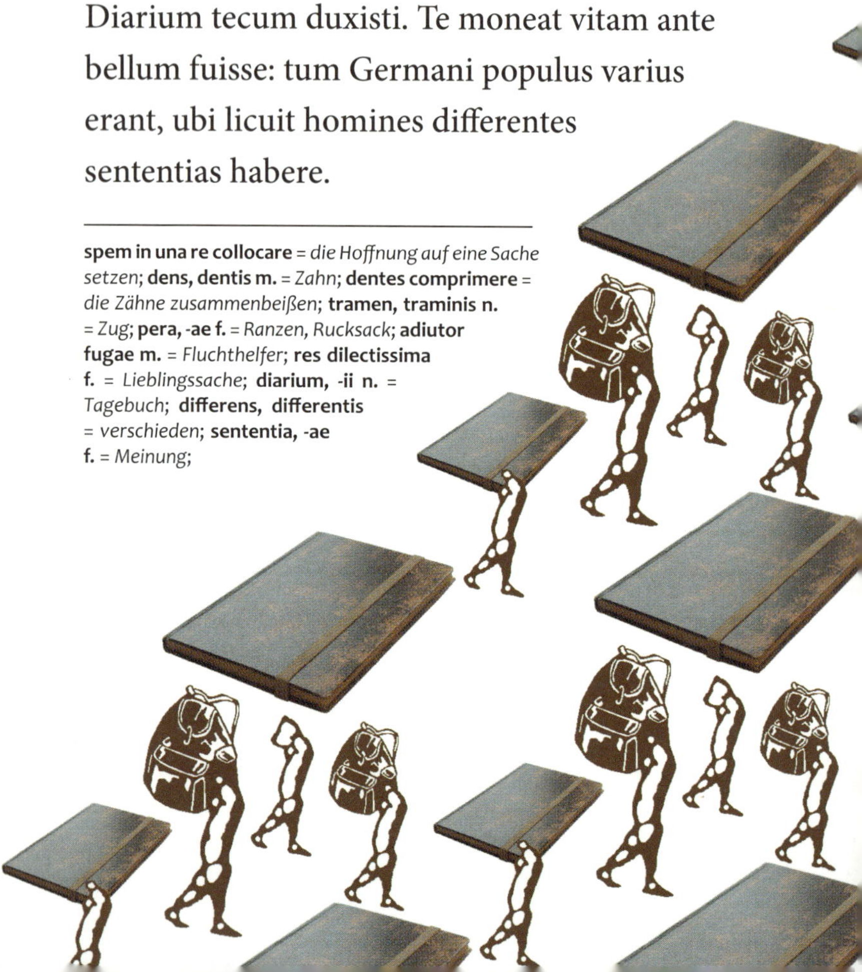

Die Veneris festum Francogallorum adibas, die Saturni concentui musico Britannico intereras, die Solis patinis rotalibus Italicis per urbem peragrabas donec finem septimanae apud proximam tabernam nomine ›McDonalds‹ vel ›Big Mac‹ defessus finiebas. Telephonulum nomine ›Nokia‹ extrahebas et cum telephonulis amicorum nominum ›Eriksson‹, ›Samsung‹, ›Motorola‹ comparabas. Simul tuo amico Graeco iocos innocentes de Graecis narrabas.

Haec res tam procul esse videntur, ut putes eas non veras fuisse. Sed solum tres anni praeterierant. Illam vitam semper memoria tenere vis.

---

dies Veneris m. = *Freitag*; **Francogalli, -orum m.** = *Franzosen*; **die Saturni m.** = *Samstag*; **concentus, -us musicus m.** = **Konzert**; **Britannicus, -a, -um** = *englisch, britisch*; **dies Solis m.** = *Sonntag*; **patinus rotalis m.** = *Rollerblade*; **Italicus, -a, -um** = *italienisch*; **donec Adv.** = *solange bis*; **finis septimanae f.** = *Wochenende*; **defessus, -a, -um** = hier: *todmüde*; **telephonulum, -i n.** = *Handy*; **comparare** = *vergleichen*; **iocus, -i m.** = *Witz*; **innocens, -entis** = *harmlos*; **memoria tenere** = *im Gedächtnis behalten*;

Vita tua non semper erat certamen de argumento rectum Germanum esse. Et intestino et externo. Germania non semper erat frigus et timor et diffidentia et odium. Germania non semper erat *dogma Germania* et custodes aequationis nondum exsistebant. Et insania, ut Germani Germaniam observare debeant, si Europaei Europam non observent, non tam diffusa erat. Graeci, Hispani, Francogallici non semper in te et tuos iaculabantur.
Memoria utique semper tenere vis vitam aliam fieri posse. Si huius rei oblivisceris, tum omnia perdita sunt.
Tum etiam custodes aequationis accedere posses, aut fratrem maiorem cum militia trans mare Adriaticum sequens in Graecos iaculari posses, donec ipse necaberis.

Vita alia fieri potest, et eo pater te nunc secum ducere vult.

---

intestino = *innerlich*; **externo** = *äußerlich*; **dogma, -atis n.** = *Prinzip*; **custodes aequationis m.** = *Gleichschaltungspolizei*; **insania, -ae f.** = *Besessenheit, Manie*; **iaculari in aliquem** = *auf jemanden schiessen*; **utique Adv.** = *unbedingt*; **oblivisceris** (v. oblivisci = *vergessen*); **militia, -ae f.** = *Miliz*; **mare Adriaticum n.** = *Adria*;

CONSULATE GENERA
EGYPT IN
AR EGYPT
AR EGYPT
AR EGYPT

E.A.R. OF
UNESCO CAMPAIGN TO SAVE
NUBIAN MONUMENTS
DOLLAR
150
MILLS
EGYPT
LE 2.70

أجنبيّ

أَجْنَبِيّ
أَجْنَبِيّ

Vita in castris te enervat. Nihil agendum est. Eruditionem linguae non accipitis, quam tum demum accipere potestis, si permissionem mansionis habetis. Scholam non adis, laborare tibi non licet (quod etiam non potes, quia lingua uti non scis) et paucos libros, qui adsunt, iam diu ex memoria cognoscis. Area parva ad recreandum adest, area glareosa cum una porta in una parte. Hanc aream tam parvam esse problema non est. *Gratiam habere debetis, dicunt, quod omnino aliquam aream habetis.* Quasi domi inter coniectionem telorum pila ludere possetis. Tot homines in castris vivere difficile est. Si omnes ludere volunt, homini singulari parvum tempus est. Pueri maiores plerumque aream occupant.

Sed aliud problema est. Quiddam est, quod te vexat. Sunt Herve et Claude et grex eorum in parte Francogallica castrorum. Contumelias post te et tuos amicos novos vocant.

---

enervare = *zehren*; **eruditio linguae f.** = *Sprachunterricht*; **tum demum** = *nur dann*; **ex memoria** = *auswendig*; **ad recreandum** = *zur Erholung*; **area glareosa f.** = *Kiesfläche*; **quasi** = *als ob*; **coniectio telorum f.** = *Bombenhagel*; **quiddam est, ...** = *es gibt etwas, ...*; **contumelia, -ae f.** = *Beleidigung*;

Ne inimicitias vestras in terram nostram tuleritis, functionarii castrorum Aegytii dicunt. Fugitivi e Francogallia et Germania separati sunt, sed solum locis tentoriorum eorum. Semper, cum aquam et cibos arcessere debes, cum bibliothecam aut locum ludendi adire vis, aream Francogallicam praeterire debes. *Semper eos domos nostras delevisse cogitas. Avum et aviam necaverunt.* Semper ita cogitas, quamquam pater dicit, memento bellum coepisse, quia Germania cum Unione Europaea non iam collaborare voluit. Eum recte dicere dubitas. Nam vobis defendendum erat, quod possidebatis:
Germania non perpetuo debita aliorum solvere potuit, qui nihil volebant nisi opus intermittere et vinum rubrum haurire. Quis sciat, quid alias fieret.
Vide solum istos Herve et Claude et gregem eorum, qui despuunt, cum te vident, et ›*merda!*‹

---

inimicitia, -ae f. = *Feindschaft*; **ne … tuleritis** = *bringt nicht …* ; **functionarius, -ii m.** = *Angestellter*; **Unio Europaea f.** = *Europäische Union*; **perpetuo Adv.** = *fortwährend*; **debita n. pl.** = *Schulden*; **opus intermittere** = *streiken*; **despuunt** (v. despuere = *ausspucken*); **merda, -ae f.** = *Scheiße*;

›*lutulente!*‹ vocant et interdum lapidem vel duos post te iactant.

Quo facinore eos affecisti? Quasi meliores fugitivi quam tu tuaque familia essent!

Benignitas tua non est causa, cur non reverberes. Solum non reverberas, quia pater iterum iterumque dixit hoc tibi non licere.

---

lutulente (Anredeform v. lutulentus = *Scheißkerl*); **lapis, -idis m.** = *Stein*; **melior, -oris** = *besser*; **benignitas, -atis f.** = *Gutmütigkeit*; **reverberare** = *zurückschlagen*;

Tota familia in Germaniam remittetur, si in castris rixam concites. Ergo nihil facis. Solum introrsum ferves et iuras te aliquando ulturum esse.

---

rixam concitare = Ärger machen; **introrsum Adv.** = *innerlich*; **ulturum** = (PFA v. ulcisci = *rächen*);

مِصْر
مِصْر
أسْرة
مِصْر
أسْرة
مِصْر
أسْرة
مِصْر

Interim iam quinque annos in Aegypto es. Amicos invenisti. Vel nonnullos collegas. Imprimis alios fugitivos, sed etiam paucos Aegyptios. Linguam Arabicam scis. Sicut vagus, sed satis est ad superandum. Parentibus etiam linguas convertere debes, quibus res novae incommodae sunt.

Soror minor, quae primo in schola puellarum tam bene discebat, post duodeviginti menses e schola eiecta est, quia puellas incitavit, ut se obscene gererent et seditionem facerent. Ea petivit, ut educatio sexualis institueretur et contraceptionem in schola disceret.
Breve tempus seditiosa erat. Tum Aegyptium triginta septem annorum amare coepit, se ad religionem Islamicam convertit, comam tegere et quinquies per diem orare coepit.

---

vel adv. = *oder wenigstens*; **collega, -ae m.** = *Kollege, Kumpel*; **vagus, -i m.** = *Herumtreiber, Straßenjunge*; **eiecta est** (v. eicere = *hinauswerfen*); **obscene Adv.** = *unanständig*; **seditionem facere** = *eine Revolte anstiften*; **educatio sexualis f.** = *Sexualkunde*; **instituere** = *unterrichten*; **contraceptio, -onis f.** = *Empfängnisverhütung*; **religio Islamica f.** = *Islam*; **convertere** = *konvertieren*; **quinquies Adv.** = *fünfmal*;

Parentes eam ad prudentiam et rationem revocare studuerunt. Haec res eos valde sollicitat. Sed parere non vult. Quid ei ratio parentum hic prosit? Soror etiamnunc sedecim annos nata est et ipsa decernere non potest. Parentes eam ad Germaniam remittere deliberant, ut ibi apud amitam vivat et res novas cognoscat. Cum eam mittunt, serius est. Soror gravida est. Tamen eam vetant, ad Assuam reverti et patri infantis nubere. Infantem sola in Germania parere debet. Dicunt eam totam vitam ante se habere.

---

parentes m. pl. = Eltern; **amita, -ae f.** = Tante; **gravidus, -a, -um** = *schwanger*; **parere** = *gebären, zur Welt bringen*;

Postquam infans natus est, unam septimanam domi veheris, ut sororem cures et probes, num tempus maturum sit, ut Germaniam revertamini. Tempus maturum non est. Germani, qui inter bellum in patria remanebant, te proditorem aestimant. Magistratus novi a Francogallis instituti te in indicem hostium inscripserunt, propter munus fratris maioris apud militiam.

---

infans, infantis m. = *Baby*; **proditor, -oris m.** = *Verräter*;

Ut Karinam et familiam eius adiuves, eam in matrimonium ducis. Ubi primum Aegyptum redisti, statim petitionem conductionis familiarum defers.
Postquam amnis fugitivorum e regionibus septentrionalibus decrevit, condiciones levabantur. Karinam secum habere iuvat. Sensus eius e temporibus prioribus cognoscendi sensui amoris simillimus est. Etiam parentes tui gaudent. Tibi et Karinae difficultates culturales non erunt et aliquando domum una redire poteritis, si res in Europa meliores fient.
Aegyptius triginta septem annorum in Germaniam venit, ut sorori tuae persuadeat, ut sibi nubat. Puella seditiosa fiebat, aliquid exoticius quam cocainum sumit, comam colore caerulo-albo-rubro coloratam gerit, acum tutam in labro inferiore habet. Eum defugit. Ille curis de vita futura filii desperatus puerum in

---

in matrimonium ducere = *heiraten*; **ubi primum** = *sobald*; **petitionem deferre** = *einen Antrag stellen*; **conductio familarum f.** = *Familienzusammenführung*; **amnis fugitivorum m.** = *Flüchtlingsstrom*; **decrevit** (decrescere = *abnehmen*); **difficultas, -atis f.** = *Schwierigkeit*; **culturalis, -e** = *kulturell*; **una Adv.** = *gemeinsam*; **persuadeat** (v. persuadere = *überreden*); **puella seditiosa f.** = hier: *Punkerin*; **cocainum, -i n.** = *Kokain*; **acus tuta f.** = *Sicherheitsnadel*; **labrum inferius n.** = *Unterlippe*; **defugit** (v. defugere = *aus dem Weg gehen, meiden*);

Aegyptum abducit, ubi tum in exspectatione nuptiarum parentum et eruditione more Aegyptio genitus erat.

Isti Germani observandi sunt. Eis fidere non potes. Ubi primum domum revertunt, se iterum mutant.

---

exspectatio, -onis f. = Erwartung; **genitus** (PPP v. gignere = zeugen); **ubi primum** = *sobald*;

Tu ipse cum Karina infantem peperisti et laetus esse deberes. Sed laetus non es. Vita tua longe aliter evenit, quam decuisset. Aliquis venit, vitam tuam rapuit et in aliquid aliud mutavit. Vita tua neque hic neque ibi locum habet. Pecunia numquam satis est, ut eruditionem repetere posses. Et studere non iam cupis. Te multo peiorem esse quam studentes aequales non ignoras.

Patrem in pistrina adiuvas, quam familia paulatim instituerat. Karina una cum matre placentas coquit. Minime divites estis, sed satis est.

---

peperisti (v. parere = *gebären, ein Kind bekommen*); **decuisset** (Konj. Plusq. von decere = *es hätte sein sollen*); **aequalis, -is m.** = *Gleichaltriger; Altersgenosse*; **pistrina, -ae f.** = *Bäckerei*; **paulatim Adv.** = *nach und nach*; **dives, divitis m.** = *der Reiche*;

Permissionem mansionis non terminatam in terra hospitali accepistis. Liberi vestri Aegyptii nati erunt. Lingua prima eorum erit lingua Arabica et quamquam Christiani sunt, Coranum melius cognoscunt quam Sacram Bibliam. In domo cafearia nomine primo appellaris, sutor et filius mercatoris vehiculorum amici tui sunt, et in foro merces optimae tibi offeruntur.

Tamen alienus es. Tamen cottidie deliberas, quando domum redire possis.
Domum.
Domum?

---

permissio mansionis f. = *Aufenthaltsgenehmigung*; **Christianus, -i m.** = *Christ*; **Coranus, -i m.** = *Koran*; **Sacra Biblia f.** = *Bibel*; **domus cafearia f.** = *Kaffeehaus*; **sutor, -oris m. = Schumacher; mercator vehiculorum m.** = Autohändler; **merx, mercis f.** = *Ware*;

?PATRIA
وَطَن

EPILOGUS

Versionem originalem huius libri iam anno 2001 (duo millesimo uno) scripsi. Disputatio fugitivorum Danica tunc dua principia ethicae philosophicae atque Christianae neglegere videbatur:
Omnes homines aequales sunt et
Omnia ergo quaecumque vultis ut faciant vobis homines et vos facite eis.

Haec fabula excogitata nomine *Si Scandinavia bellum inter se gereret* in periodico magistrorum tum edita est.
Anno 2004 (duo millesimo quarto) domus editoria Danica hunc textum libellum edere decrevit – formam syngraphi habentem et admirabilibus illustrationibus a Helle Vibeke Jensen exornatum.

Danicus, -a, -um = *dänisch*; **periodicum magistrorum n.** = *Lehrerzeitschrift*; **domus editoria f.** = *Verlag*; **syngraphus, -i m.** = Pass, Ausweis; **imaginatio, -onis f.** = *Vorstellung*; **res externae f.** = *äußere Umstände*;

A familia Austriaca-Germanica advenarum et fugitivorum in Dania orta sum. Ergo imaginatio res externas totam vitam brevissimo tempore plene perturbare posse absurda non est.

Plerique Dani Danici non ita cogitant. Imaginatio vitam propriam in vitam fugitivi mutari posse, imaginationi vitae in planeta nomine Mars similis est. Itaque hanc fabulam scripsi. Haec est invitatio, ut vitam fugitivi imagineris. Non per oculos fugitivorum, qui ex longinquo ad Daniam adveniunt, sed per oculos Danorum, quorum propria vita secura bello – utinam incogitabili - inter terris Scandinavicis funditus exstinguitur.

Haec fabula, quia est invitatio imaginationis, semper in translatione ad proprias condiciones

---

planeta, -ae m. = *Planet*; **invitatio, -onis f.** = *Einladung*; **ex longinquo** = *von weit her*; **incogitabilis, -e** = *undenkbar*; **funditus Adv.** = *völlig, von Grund auf*; **translatio, -onis f.** = *Übersetzung*; **proprius, -a, -um** = *eigen, charakteristisch, besonders*;

geographicas politicasque terrae singulae accommodanda est.

Germaniae ruinam oeconomicam, socialem, nationalem Unionis Europaeae attribui; in una parte quia haec ruina hodie comminatio maxima securitatis populorum Europae esse videtur, in altera parte quia haec fabula bella pristina nullo modo imitari vult. Quae feliciter iam diu reliquimus.

Grave argumentum nostrorum temporum est migratio, quae toto in mundo calamitatibus humanis vel naturalibus facta est, quae est minatio integritatis corporis animique familiarum et hominum singulorum multis de causis, quae iniuriis socialibus et inopia facultatum oeconomicarum augetur. Argumentum est conventus cultuum, facultas

---

condicio, -onis f. = *Bedingung, pl. Situation*; **geographicus, -a, -um** = *geographisch*; **politicus, -a, -um** = *politisch*; **accommodare** = *anpassen*; **ruina, -ae f.** = *Zusammenbruch, Verfall*; **oeconomicus, -a, -um** = *ökonomisch, wirtschaftlich*; **socialis, -e** = *sozial*; **nationalis, -e** = *national*; **comminatio, -onis f.** = *Bedrohung*; **argumentum, -i n.** = *Thema*; **migratio, -onis f.** = *Migration, Auswanderung*; **integritas, -atis f.** = *Unversehrtheit*; **conventus cultuum m.** = *Begegnung der Kulturen*;

et magis etiam voluntas hominum singulorum, gregum, populorum totorum inter se occurrere. Argumentum est rogatio, quo modo omnis se ipsum et alios aestimet, *advenas alienos* hac parte, *convivatores advenarum* altera parte. Multis de causis speraveram hanc fabulam hodie iam diu obsoletam esse. Quod, ut vides, non est. E contrario.

Si hodie in Dania vel alibi invitor, ut de hac fabula dicam, saepius saepiusque criminor hunc textum ›politicum‹ esse.

Vero numquam intellexi, cur falsum sit in mundo politico hominem politicum esse. Sed aliud gravius est. Si solum conatus *imaginandi, cognoscendi, difficultates* alterius aeque *dolendi politicus* maledicitur, nonne aliquid maxime perversum est?

Possumusne tum bonum a malo discernere?

---

inter se occurrere = *aufeinander zugehen*; **obsoletus, -a, -um** = *überholt, überflüssig*; **invitor** = (1.Pers.pass. von invitare = *einladen*); **aeque Adv.** = *gleichermaßen*; **dolere** = hier: *mitfühlen, mitleiden*; **maledicere** = hier: *verunglimpfen*; **perversus, -a, -um** = *verkehrt, verdreht*;

Spero fore, ut possimus. Spero nos omnes – aut plerosque nostrum – in Europa humantitatem petere. Spero homines hunc textum non politice, sed quasi invitationem imaginationis lecturos esse. Invitantur, ut vitam aliorum cognoscant, quorum fatum numquam nostrum sit.

Nonne magnum solacium esset, si quando ipsi fugitivi essemus, quod refugium et vitam meliorem periclitantes petimus conscii unumquemque principia cultus humani conservavisse et divulgavisse, cum nos ipsi tuti eramus – illa principia et fides *omnes homines aequales creatos esse et unumquemque alios homines tractare debere, ut ipse ab eis tractari vult?*

Janne Teller,
New York, 10.10.2010

---

fatum, -i n. = *Schicksal*; **solacium, -i n.** = *Trost*; **periclitari** = *anstreben, erproben*; **conscii** = hier + AcI ungefähr: *im Vertrauen, im Bewußtsein*; **unusquisque** = *jeder einzelne*;

JANNE TELLER, anno 1964 (millesimo nongentesimo sexagesimo quarto) Havniae nata, a familia Austriaca-Germanica orta est. Scientiae rerum publicarum studuit, consultrix conflictionum Unionis Europaeae (EU) et Institutionis Nationum Unitarum (UN) ubique in mundo laborabat et in variis regionibus perturbationum iura hominis defendebat, antequam anno 1995 (millesimo nongentesimo nonagesimo quinto) operi scribendi se dedidit. Hodie in urbe Novum Eboracum vivit.
Opus litterarum eius multa praemia accepit. Tractationibus, fabulis romanensibus, narratiunculis semper magnas quaestiones vitae circumvolat et argumentis criticis saepe disceptationes publicas effecit.
Primus eius liber iuventutis nomine *Nihil* primo in ludis Danicis prohibitus anno 2001 (bis millesimo primo) praemio Ministerii

---

Havnia, -ae f. = **Kopenhagen**; **orta est** (v. oriri = *entstammen*); **scientiae rerum publicarum f.** = *Staatswissenschaften*; **consultrix conflictionum f.** = *Konfliktberaterin*; **regio perturbationis f.** = *Krisengebiet*; **iura hominum n.** = *Menschenrechte*; **Novum Eboracum n.** = *New York*; **tractatio, -onis f.** = *Essay*; **fabula romanensis f.** = *Roman*, **narratiuncula, -ae f.** = *Kurzgeschichte*; **circumvolare** = *umkreisen*; **disceptatio, -onis f.** = *Debatte*; **ludus Danicus m.** = *dänische Schule*; **prohibere** = *verbieten*;

Rerum Artium Danici et anno 2008 (bis millesimo octavo) praemio honorato nomine *Prix Libbylit* optimi libri iuventutis linguae Francogallicae ornatus est. Postea etiam in terris externis notissimus atque in 13 (tredecim) linguis redditus est.
In Germania liber Nihil – *de rebus gravibus vitae* anno 2010 (bis millesimo decimo) domo editoria nomine ›Hanser‹ editus est et brevissime tempore liber maxime divenditus ficbat.
Bellum – imaginare, hic esset est liber secundus in domu editoria *Hanser* editus.

HELLE VIBEKE JENSEN, anno 1960 (millesimo nongentesimo sexagesimo) nata, una ex artificis ingeniosis Daniae putatur. Anno 1999 (millesimo nongentesimo nonagesimo nono) praemium Biennalis in oppido Bratislava et anno 2004 (bis millesimo quarto) magnum praemium Ministerii Rerum Artium Danici.

---

ministerium rerum artium Danicum n. = *dänische Kulturministerium*; **honoratus, -a, -um** = *renommiert, angesehen*; **reddere** = übersetzen; **liber maxime divenditus m.** = *Bestseller*; **putatur** = *sie gilt*;

Index Verborum

	A
a / ab	von
abdere, abdo, abdidi, abditum	verbergen
abducere, -o, -duxi, -ductum	wegführen, abbringen
abripere, -ripio, -ripui, -reptum	verschleppen, rauben, entführen
absurdus, -a, -um	unsinnig, sinnlos
accedere, -o, -essi, accessum	herantreten, herankommen
accipere, -io, accepi, acceptum	Erhalten, empfangen, annehmen
ad	zu, bei, an
adesse, adsum, adfui, -	da sein, helfen, beistehen
adesse, adsum, affui, -	da sein, helfen, beistehen
adhuc Adv.	bis jetzt, noch, immer noch
adire, adeo, adii, aditum	aufsuchen, angreifen
adiutor, adiutoris m.	Helfer
admirabilis, -e	bewundernswert, sonderbar
advena -ae m.	Ankömmling, Fremdling
advenire, -io, -veni, -ventum	ankommen
adversarius -i m.	Gegner, Feind
aedificium -i n.	Gebäude, Bauwerk
Aegyptius -i m.	Ägypter
Aegyptius, -a, -um	ägyptisch
Aegyptus, -i f.	Ägypten
aequalis, -e	gleichartig, gleich
aequalis, aequalis m.	Altersgenosse, Zeitgenosse
aequationis	Siehe: **custodes aequationis**
aeque Adv.	In gleicher Weise
aestimare, -o, -avi, -atum	schätzen, meinen, beurteilen
afficere, -io, affeci, affectum	jmd. etwas antun, versehen mit
alias Adv.	sonst, anderswo
alibi Adv.	anderswo
alicubi Adv.	irgendwo
alienus, -a, -um	fremd
aliquando Adv.	irgendwann, einmal
aliqui, aliqua, aliquod	irgendein
aliquis, aliquid	jemand
aliter Adv.	sonst, anders, auf andere Weise
alius, alia, aliud	andere
alter, altera, alterum	eine, andere
amare, -o, -avi, -atum	lieben
ambo, -a, -um	beide
amica -ae f.	Freundin
amicus -i m.	Freund
amicus dilectissimus m.	der bester Freund
amita -ae f.	Tante

amittere, -mitto, -misi, -missum	verlieren, wegschicken, aufgeben
amnis, amnis m.	Fluß, Strom
amor, amoris m.	Liebe
amplius Adv.	weiter, mehr, außerdem
amplus, -a, -um	weit, geräumig, bedeutend
Anglicus, -a, -um	englisch
angulus -i m.	Winkel, Ecke
animus -i m.	Geist, Sinn, Verstand, Mut, Seele
annus -i m.	Jahr
ante	vor
antiquare, -o, -avi, -atum	verwerfen, ablehnen
antiquus, -a, -um	alt
appellare, -o, -avi, -atum	nennen, anreden
appellere, -o, -puli, appulsum	herantreiben, heranbringen
apud	bei, vor
aqua -ae f.	Wasser
aquarius, -a, -um	des Wassers, Wasser-
Arabicus, -a, -um	arabisch
arcessere, -o, -ivi, arcessitum	herbeirufen, herbeiholen
ardor, ardoris m.	Hitze, Glut
area -ae f.	Fläche, Platz, Hof
argumentum -i n.	Thema, Argument
ascendere, -ndo, -ndi, ascensum	hinaufsteigen, einsteigen
Assuan f.	Stadt in Oberägypten
assuescere, -sco, -vi, assuetum	sich gewöhnen
asylum -i n.	Asyl
ater, -a, -um	schwarz, düster, grauenvoll
atque	und, und auch, und sogar
attribuere, -o, -ui, attributum	zuteilen, beilegen
Austriacus-Germanicus, -a, -um	österreichisch-deutsch
aut	oder
autem	aber, dagegen, andererseits
auxilium -i n.	Hilfe, Hilfstruppen
avia -ae f.	Großmutter
avus -i m.	Großvater
	B
barbarus -i m.	Barbar, Ausländer
barbarus, -a, -um	barbarisch, wild
bellare, -o, -avi, -atum	Krieg führen
bellum -i n.	Krieg
bellus, -a, -um	hübsch, schön
bene Adv.	gut
benignitas, benignitatis f.	Gutmütigkeit, Freundlichkeit
biblia -ae f.	Bibel
bibliotheca -ae f.	Bibliothek, Bücherei
bomba, -ae f.	Bombe
bonus, -a, -um	gut

brevis, -e	kurz
bronchitis, -idis f.	Bronchitis
	C
caerulo-albo-rubro	blau-weiß-rot
caerulus, -a, -um	blau
cafearia, -ae f.	Kaffeebar, Kaffeehaus
calamitas, calamitatis f.	Unglück, Unheil, Niederlage
calefactio, calefactionis f.	Heizung
camera, ae f.	Zimmer
capere, capio, cepi, captum	fassen, erfassen
captare, -o, -avi, -atum	fangen
captus, -a, -um	gefangen
caput, capitis n.	Kopf
castra -orum n.	Lager
causa (+Gen.)	wegen
causa -ae f.	Grund, Ursache, Prozeß
cellarium -i n.	Keller, Vorratskammer
centeni, -a, -um	hundertmal
certamen, certaminis n.	Kampf, Streit, Wettkampf
certe Adv.	sicher, gewiß
chartaceus, -a, -um	aus Papier
Christianus -i m.	Christ
Christianus, -a, -um	christlich
cibus -i m.	Speise, Nahrung
clam Adv.	heimlich
claudere, -do, clausi, clausum	schließen, verschließen
claudus -i m.	Lahme, Krüppel
cocainum, -i n.	Kokain
coepere, -io, coepi, coeptum	beginnen
coepisse, coepi	angefangen haben
cogitare, -o, -avi, -atum	denken
cogitatio, cogitationis f.	Denken, Gedanke
cognoscere, -o, -novi, cognitum	erkennen, kennenlernen
collaborare, -o, -avi, -atum	zusammenarbeiten
collega -ae m.	Amtsgenosse, Kollege
collocare, -o, -avi, -atum	setzen, stellen, aufstellen
color, coloris m.	Farbe
coloratus, -a, -um	farbig, gefärbt
coma -ae f.	Haar, Wolle, Laub
comminatio, -onis f.	Bedrohung
comparare, -o, -avi, -atum	vergleichen, verschaffen
comprimere, -o, -compressi, compressum	zusammendrücken, zusammenbeißen
condicio, condicionis f.	Bedingung, Lage
conductio, -onis f.	Zusammenführung
coniectio telorum f.	Bombenhagel

consciscere, conscisco, conscivi, conscitum	beschließen, wählen
conscius -i m.	Mitwisser
conscius, -a, -um	mitwissend, vertraut
conservare, -o, -avi, -atum	erhalten, retten
constituere, -uo, -ui, -utum	beschliessen, festsetzen
contemptor, contemptoris	verachtend, arrogant
contemptor, contemptoris m.	Verächter
contemptor Dei m.	Freidenker
contingere, -go, -igi, contactum	berühren, erreichen
contraceptio, -onis f.	Empfängnisverhütung
contrarius, -a, -um	entgegengesetzt
contremescere, -mesco, -mui,	erzittern, erbeben, fürchten
contumelia -ae f.	Beleidigung, Kränkung
convenire, -io, -veni, -ventum	zusammenkommen, treffen
conventus foederalis legatorum m.	Bundestag
convertere, -to, -ti, conversum	umkehren, umwenden
convivator, -oris m.	Gastgeber
coquere, coquo, coxi, coctum	backen, kochen
Coranus, -i n.	Koran
corpus, corporis n.	Körper, Leiche, Rumpf
corruere, corruo, corrui, -	einstürzen, zusammenstürzen
corrumpere, -po, -pi, -ruptum	verderben
cottidie Adv.	täglich
criminare, -o, -avi, -atum	beschuldigen, verleumden
culturalis, -e	kulturell
cultus, -a, -um	gepflegt, gebildet, kultiviert
cum	mit
cum	als, nachdem, weil
cupere, cupio, cupivi, cupitum	wünschen, verlangen, begehren
cur Adv.	weshalb, warum
cura -ae f.	Sorge, Sorgfalt
curare, -o, -avi, -atum	sorgen, kümmern, pflegen
curia -ae f.	Rathaus, Kurie
custos, custodis m.	Wächter, Beschützer
custodes aequationis m.	Gleichschaltungspolizei
	D
Danus, -i m.	Däne
Dania -ae f.	Dänemark
Danicus, -a, -um	dänisch
de	von, über, hinsichtlich, aus
debere, -eo, -ui, -itum	müssen, sollen, schulden
debitum -i n.	Schuld, Schulden (pl.)
decedere, -do, -essi, decessum	sterben, weggehen
decernere, -o, -crevi, decretum	entscheiden, beschließen

decies Adv.	zehnmal, oft
decies centena milia	Millionen
decretum -i n.	Entscheidung, Beschluß
deesse, desum, defui, -	fehlen, mangeln
deferre, -fero, detuli, delatum	überbringen, melden
defessus, -a, -um	ermüdet, erschöpft
defugere, defugio, defugi, -	aus dem Weg gehen, vermeiden
deliberare, -o, -avi, -atum	überlegen
demigrare, -o, -avi, -atum	auswandern, wegziehen
democratia -ae f.	Demokratie
democratus, -i m.	Demokrat
demonstrare, -o, -avi, -atum	zeigen, beweisen
demum Adv.	endlich, schließlich
denegare, -o, -avi, -atum	abschlagen, verweigern, leugnen
dens, dentis m.	Zahn
despuere, despuo, despui, -	ausspucken
deus -i m.	Gott, Gottheit
diarium -i n.	Zeitung, Tagebuch
dicare, -o, -avi, -atum	weihen, widmen
dicere, dico, dixi, dictum	sagen, sprechen
difficile Adv.	schwierig
difficilis, -e	schwierig
difficultas, difficultatis f.	Schwierigkeit
diffidentia -ae f.	Misstrauen, Selbstzweifel
digitus -i m.	Finger, Zehe
dilectissimus	siehe: **amicus dilectissimus**
dimidium -i n.	Hälfte
dimidius, -a, -um	halb
discere, disco, didici, -	lernen
discernere, -o, -vi, discretum	unterscheiden
disciplina -ae f.	Erziehung, Ordnung, Disziplin
disputatio, disputationis f.	Debatte
distributio, -onis f.	Zuteilung, Verteilung
diu Adv.	lange
diutissime Adv.	sehr lang
diutius Adv.	länger
dives, divitis	reich
dividere, divido, divisi, divisum	teilen, trennen
divulgare, -o, -avi, -atum	verbreiten
docere, -eo, -ui, -itum	lehren, unterrichten
documentum -i n.	Beweis, Beispiel
dogma, dogmatis n.	Dogma, Glaubenssatz, Lehrsatz
dolere, doleo, dolui, -	schmerzlich bedauern
domare, -o, -ui, -itum	zähmen, bezwingen
domi	zu Hause

dominatio, -onis f.	Herrschaft, Gewaltherrschaft
domo	von zu Hause
domum	nach Hause
domus editoria f.	Verlag
donec	während, solange
duo, duae, duo	zwei
dubitare, -o, -avi, -atum	zögern, zweifeln
ducere, duco, duxi, ductum	führen
duodeviginti	achtzehn
durare, -o, -avi, -atum	härten, dauern
dure Adv.	hart, hartherzig
durus, -a, -um	hart, hartherzig
dux, ducis m.	Führer
	E
e / ex	aus, von, infolge, gemäß
edere, edo, edi, esum	essen
edere, edo, edidi, editum	herausgeben, veröffentlichen
editoria	siehe **domus editoria**
educare, -o, -avi, -atum	erziehen
educatio, educationis f.	Erziehung, Ausbildung
efficere, -cio, effeci, effectum	bewirken, durchsetzen
egere, -eo, -ui, -itum	bedürfen, brauchen
ego	ich
emere, emo, emi, emptum	kaufen
emerere, -eo, -ui, -itum	verdienen
emittere, -o, emisi, emissum	abschicken, freilassen
enervare, -o, -avi, -atum	zehren, nerven, entkräften
eo Adv.	dorthin, dahin, deswegen
epilogus -i m.	Nachwort, Epilog
ergo Adv.	also, folglich, deshalb
eruditio, -onis f.	Bildung, Erziehung
eruditus, -a, -um	gebildet, gelehrt, gut erzogen
esse, sum, fui, -	sein
et	und, auch
ethicus, -a, -um	unbekannt
etiam	auch, noch, sogar
etiamnunc Adv.	auch jetzt noch, noch immer
etiamsi	wenn auch, selbst wenn
etsi	auch wenn, wenn auch, obwohl
Europa -ae f.	Europa
Europaeus, -a, -um	europäisch
evanescere, -o, evanui, -	verschwinden
evenire, -io, eveni, eventum	passieren, sich ereignen
exornare, -o, -avi, -atum	ausstatten, schmücken
exoticius	exotischer (Komparativ)

exsistere, exsisto, exstiti, -	hervortreten, entstehen
exspectare, -o, -avi, -atum	erwarten, ausschauen, warten
exspectatio, -onis f.	Erwartung, Neugier, Spannung
exstinguere, -o, exstinxi, exstinctum	auslöschen, vernichten
exterminare, -o, -avi, -atum	ausweisen, vertreiben
externus, -a, -um	äußere, ausländisch, fremd
exterus, -a, -um	ausländisch
extrahere, -o, -axi, extractum	herausziehen
extremus, -a, -um	äußerste
	F
fabula -ae f.	Geschichte, Märchen, Erzählung
facere, facio, feci, factum	tun, machen, herstellen
facile Adv.	leicht, mühelos, angenehm
facilis, -e	leicht, mühelos
facinus, facinoris n.	Tat, Untat, Verbrechen
factio, factionis f.	Partei, Clique
factum -i n.	Tat, Handlung, Ereignis
facultas, facultatis f.	Möglichkeit, Fähigkeit
falsus, -a, -um	falsch
fames, famis f.	Hunger
familia -ae f.	Familie
familiaris, familiaris m.	Angehörige, Vertraute, Freund
fari, for, fatus sum	sprechen
fatum -i n.	Schicksal, Unheil
feliciter Adv.	glücklich
femina -ae f.	Frau
fere Adv.	fast, ungefähr, beinahe
ferre, fero, tuli, latum	tragen, bringen, berichten
fervere, -eo, -ui, -itum	aufkochen, sieden
festum -i n.	Fest
festus, -a, -um	festlich, feierlich
fidere, fido, fisus sum	vertrauen
fieri, fio, factus sum	werden, geschehen
filius -i m.	Sohn
finire, finio, finivi, finitum	begrenzen, beenden
finis, finis m.	Grenze, Ende, Ziel
fistula -ae f.	Rohr, Röhre
fistula aquaria f.	Wasserrohr
foederalis	s.**conventus foederalis legatorum**
foramen, foraminis n.	Loch, Öffnung
forare, -o, -avi, -atum	durchbohren
foris, foris f.	Tür
forma -ae f.	Form, Schönheit, Aussehen
fortasse Adv.	vielleicht
fortuna -ae f.	Schicksal, Glück

forum -i n.	Marktplatz, Forum
fractus, -a, -um	kaputt, zerbrochen, kraftlos
fragor, fragoris m.	Brechen, Krachen, Getöse
Francogallus, -i m.	Franzose
Francogallia -ae f.	Frankreich
Francogallicus, -a, -um	französisch
frater, fratris m.	Bruder
frigere, frigeo, frixi, frictum	frieren
frigus, frigoris n.	Frost, Kälte
fuga -ae f.	Flucht
fugere, fugio, fugi, -	fliehen
fugitivus -i m.	Flüchtling
fugitivus, -a, -um	flüchtig
functionarius, -ii m.	Angestellter
funditus Adv.	von Grund auf, gänzlich, völlig
furor, furoris m.	Raserei, Wut
fuscare, -o, -avi, -atum	bräunen
futura -i n.	Zukunft
futurus, -a, -um	zukünftig
	G
gaudere, gaudeo, gavisus sum	sich freuen
geographicus, -a, -um	geographisch
gerere, gero, gessi, gestum	tragen, führen, verrichten
Germania -ae f.	Deutschland
Germanus -i m.	Deutscher
gerontocomium -i n.	Altenheim, Pflegeheim
glareosus, -a, -um	voller Kies, Kies-
Graecus -i m.	Grieche
Graecus, -a, -um	griechisch
granata, -ae f.	Granate
gratia -ae f.	Gnade, Dank, Gunst
gratus, -a, -um	willkommenm, dankbar
gravidare, -o, -avi, -atum	schwängern
gravidus, -a, -um	schwanger
gravis, -e	schwer, gewichtig, ernst
grex, gregis m.	Gruppe, Trupp, Herde, Bande
gymnasium -i n.	Gymnasium
	H
habere, -eo, -ui, -itum	haben, halten
habitatio, -onis f.	Wohnung
haurire, -io, hausi, haustum	schöpfen, trinken
Havnia, -ae f.	Kopenhagen
Helle	Ein Name
Herve	Ein Name
hic Adv.	hier

hic, haec, hoc	dieser
hiemare, -o, -avi, -atum	überwintern
hiems, hiemis f.	Winter, Kälte
Hispanus -i m.	Spanier
historia -ae f.	Geschichte
hodie Adv.	heute
homo, hominis m.	Mensch
honestare, -o, -avi, -atum	ehren
honestas, honestatis f.	Ansehen, Würde, Ehre
honeste Adv.	ehrenhaft, anständig
honestus, -a, -um	ehrenhaft, anständig
horrescere, horresco, horrui, -	schaudern, erstarren, zittern
hospes, hospitis m.	Gast, Fremde
hospitalis, -e	gastlich, gastfreundlich
hostis, hostis m.	Feind
humantitas, humanitatis f.	Menschlichkeit
humanus, -a, -um	menschlich
hunc Adv.	hierher
	I
iacere, -eo, -ui, -itum	liegen
iactare, -o, -avi, -atum	werfen
iaculari, -or, iaculatus sum	auf jmd. schießen
iam Adv.	schon, bereits
ibi Adv.	da, dort, dabei
idem, eadem, idem	derselbe
ignorare, -o, -avi, -atum	nicht wissen, nicht kennen
ignoscere, o, ignovi, ignotum	verzeihen
ille, illa, illud	jener
illucescere, illucesco, illuxi, -	erleuchten, aufscheinen
Illustratio, -onis f.	Illustration, Bild
imaginari, -nor, imaginatus sum	sich vorstellen, sich einbilden
imaginatio, imaginationis f.	Vorstellung, Einbildung, Traum
imber, imbris m.	Wolkenbruch, Unwetter, Regen
imitari, imitor, imitatus sum	nachahmen
imminere, -eo, -ui, -itum	drohen, bevorstehen
impendere, -o, -i, impensum	ausgeben, aufwenden
imprimere, -o, -essi, impressum	drucken, eindrücken
imprimis Adv.	besonders, vor allem
in	in, an, auf, gegen, bei, zu
incipere, -io, incepi, coeptum	anfangen, beginnen
incitare, -o, -avi, -atum	antreiben, anfeuern
incogitabilis, -e	undenkbar
incolumis, -e	unverletzt, unversehrt
incommodus, -a, -um	unbequem, unangenehm
index, indicis m.	Verzeichnis, Liste
indicare, -o, -avi, -atum	anzeigen, melden

infans, infantis m.	Säugling, Kleinkind
inferus, -a, -um	untere
ingratus, -a, -um	undankbar, unangenehm
inimicitia -ae f.	Feindschaft
initiare, -o, -avi, -atum	anfangen, einführen, einleiten
initium -i n.	Anfang, Beginn
iniuria -ae f.	Unrecht, Ungerechtigkeit
innocens, innocentis	unschuldig
inopia -ae f.	Mangel, Not
inops, inopis	machtlos, hilflos, schwach
insania -ae f.	Wahnsinn
insanire, -io, -ivi, insanitum	wahnsinnig sein, verrückt sein
inscribere, -o, -psi, -scriptum	schreiben, einbeschreiben
insidiator, insidiatoris m.	Heckenschütze
instituere, -tuo, -ui, institutum	einrichten, unterrichten
Institutio Nationum Unitarum	Vereinten Nationen (UN)
institutum -i n.	Einrichtung, Vorhaben
integratio, -onis f.	Integration, Engliederung
integritas, integritatis f.	Unversehrtheit
intellegere, -o, -exi, intellectum	erkennen, verstehen, einsehen
inter	zwischen, während, inmitten
interdum Adv.	manchmal, bisweilen
interea Adv.	inzwischen
interesse, intersum, interfui, -	teilnehmen
interim Adv.	inzwischen, einstweilen
intermittere, -o, -isi, -missum	unterbrechen
interrogare, -o, -avi, -atum	fragen, befragen, verhören
intestinus, -a, -um	innere, inwendig
introrsum Adv.	nach innen, innerlich, drinnen
invadere, -vado, -vasi, -vasum	eindringen, angreifen, überfallen
invenire, -io, inveni, inventum	finden, erfinden
invitare, -o, -avi, -atum	einladen
invitatio, invitationis f.	Einladung
invitus, -a, -um	widerwillig
iocus -i m.	Witz, Scherz, Spaß
ipse, ipsa, ipsum	selbst
ire, eo, ii, itum	gehen
is, ea, id	der, dieser, derjenige
islamicus, -a, -um	islamisch
iste, ista, istud	dieser
ita Adv.	so, auf diese Weise
Italicus, -a, -um	italienisch
itaque Adv.	deshalb, daher
iter, itineris n.	Reise, Weg, Marsch
iterum Adv.	wiederum, zum zweiten Mal

iurare, -o, -avi, -atum	schwören
iura hominis n. pl.	Menschenrechte
	J
Janne	Vorname d. Autorin
Jensen	Name
	K
Karina	Vorname
	L
labi, labor, lapsus sum	gleiten, verfallen
labor, laboris m.	Arbeit, Mühe, Anstrengung
laborare, -o, -avi, -atum	arbeiten, leiden
labrum -i n.	Lippe
laetus, -a, -um	froh, fröhlich, heiter
lapis, lapidis m.	Stein
latrina -ae f.	Toilette
legare, -o, -avi, -atum	entsenden
legatus -i m.	Gesandte, Legat, Abgeordnete
legere, lego, legi, lectum	lesen, sammeln, auswählen
levare, -o, -avi, -atum	heben, erleichtern, unterstützen
libellus -i m.	Heft, Büchlein
liber -libri m.	Buch
liber, -a, -um	frei
liberi -i m.	Kinder
lingua -ae f.	Sprache, Zunge
locus -i m.	Ort, Platz, Stelle, Rang
longe Adv.	weit, weit entfernt, lang
longinquus, -a, -um	weit entfernt, langwierig
ludere, ludo, lusi, lusum	spielen, scherzen
lumen, luminis n.	Licht
lutulentus, -i m.	Scheißkerl, Dreckskerl
lyceum -i n.	Luceum, Gymnasium
	M
magis Adv.	mehr
magister -i m.	Lehrer, Meister
magnus, -a, -um	groß, bedeutend, wichtig
maiores, - m.	Vorfahren, Ahnen
male Adv.	schlecht, übel, schlimm
maledicere, -dico, -dixi, -dictum	beschimpfen, verfluchen
malle, malo, malui, -	lieber wollen
malum -i n.	Apfel
malus, -a, -um	schlecht, übel, schlimm
manare, -o, -avi, -atum	fließen, sich ausbreiten
mane Adv.	morgens
mane, - n.	Morgen
mansio, mansionis f.	Aufenthalt, Quartier, Wohnung

Mars, Martis m.	Mars
mater, matris f.	Mutter
matrimonium -i n.	Ehe
maturus, -a, -um	reif
maxime Adv.	besonders, am meisten
maximus -i m.	höchste, sehr, größte
medicus -i m.	Arzt
medius, -a, -um	mittlere
melius Adv.	besser
membrum -i n.	Glied, Mitglied
meminisse, memini	sich erinnern
memoria -ae f.	Gedächtnis, Erinnerung
mendicare, -o, -avi, -atum	betteln
mensa -ae f.	Tisch
mensis, mensis m.	Monat
mercator, mercatoris m.	Kaufmann, Händler
merces, mercedis f.	Lohn, Sold, Honorar
merda -ae f.	Scheiße
meridianus, -a, -um	mittägig, zur Mittagszeit, südlich
merx, mercis f.	Ware
migrare, -o, -avi, -atum	wandern, wegziehen
migratio, -onis f.	Auswanderung, Wanderung
miles, militis m.	Soldat
militia -ae f.	Militär, Militärdienst
mille, - n.	Tausend
millesimus, -a, -um	tausendste
mina, -ae f.	Mine
minari, minor, minatus sum	drohen
minatio, -onis f.	Bedrohung, Drohung
minime Adv.	keineswegs
ministerium -i n.	Amt, Dienst
mirus, -a, -um	wunderbar, seltsam
miser, -a, -um	elend, arm, unglücklich
miseria -ae f.	Elend, Unglück, Leiden
missile, missilis n.	Rakete, Geschoß
mittere, mitto, misi, missum	schicken
modo Adv.	nur, eben, gerade
modus -i m.	Art, Weise, Maß
monere, -eo, -ui, -itum	mahnen, ermahnen
mora -ae f.	Verzögerung, Aufschub, Weile
mori, morior, mortuus sum	sterben
mortuus, -a, -um	tot
mos, moris m.	Sitte, Brauch
mox Adv.	bald, in Kürze
multare, -o, -avi, -atum	bestrafen

multum Adv.	viel
multus, -a, -um	viel
mundus -i m.	Welt, Weltall, Putz
munus, muneris n.	Aufgabe, Geschenk
musicus, -a, -um	musikalisch
muslima, -ae f.	Muslima
muslimus, -i m.	Moslem
mutare, -o, -avi, -atum	ändern, verändern
	N
nam	denn, nämlich
narrare, -o, -avi, -atum	erzählen
natare, -o, -avi, -atum	schwimmen
natio, nationis f.	Volk, Volksstamm
nationalis, -e	national
naturalis, -e	natürlich
natus -i m.	Sohn, Kind
natus, -a, -um	geboren
ne	dass nicht, damit nicht
necare, -o, -avi, -atum	töten
necessarius, -a, -um	nötig, notwendig
necesse Adv.	nötig, erforderlich
neglegere, -lego, -lexi, -lectum	vernachlässigen, übersehen
negotium -i n.	Geschäft, Aufgabe
nemo, nihil	niemand, nichts
neque	und nicht, auch nicht
nescire, -scio, -scivi, nescitum	nicht wissen
nescius, -a, -um	unwissend, ahnungslos
nimis Adv.	allzu sehr
nisi	wenn nicht, falls nicht
nomen, nominis n.	Name
nominare, -o, -avi, -atum	nennen, benennen
non Adv.	nicht
nondum Adv.	noch nicht
nonne Adv.	nicht, etwa nicht, denn nicht
nonnullus, -a, -um	mancher, einige
noscere, nosco, novi, notum	kennen, wissen
noster, nostra, nostrum	unser
nota -ae f.	Note, Zeichen
notare, -o, -avi, -atum	kennzeichnen, tadeln
notus, -a, -um	bekannt
November, Novembris m.	November
novus, -a, -um	neu
nox, noctis f.	Nacht
nubere, nubo, nupsi, nuptum	heiraten
nuere, nuo, nui, nutum	nicken, winken

nullibi Adv.	nirgendwo
nullus, -a, -um	kein
nullus, nulla, nullum	keiner
num Adv.	etwa, nun
numerus -i m.	Zahl, Anzahl
numquam Adv.	niemals
nunc Adv.	nun, jetzt
nuptiae -ae f.	Hochzeit
	O
oblivisci, -scor, oblitus sum	vergessen
obscene	unanständig, anstößig, schamlos
obscenus, -a, -um	unanständig, anstößig, schamlos
observare, -o, -avi, -atum	aufpassen, beachten, einhalten
obsoletus, -a, -um	überholt, veraltet, abgenutzt
occasio, occasionis f.	Gelegenheit, Möglichkeit
occultare, -o, -avi, -atum	verbergen, verstecken
occupare, -o, -avi, -atum	besetzen
occurrere, -o, -i, occursum	entgegeneilen, begegnen
octo	acht
oculus -i m.	Auge
odium -i n.	Haß
oecologia, -ae f.	Ökologie, Umweltschutz
oeconomia -ae f.	Wirtschaft
oeconomicus, -a, -um	wirtschaftlich
offerre, offero, obtuli, oblatum	entgegenbringen, anbieten
olus, oleris n.	Gemüse
omnino Adv.	überhaupt, sowieso
omnis, -e	jeder, alle, ganz
oportere, -eo, -ui, -itum	nötig sein, sich gehören
oppidum -i n.	Stadt, Festung
opus, operis n.	Arbeit, Werk
opus intermittere	streiken
orare, -o, -avi, -atum	beten, bitten, reden
ordo, ordinis m.	Reihe, Ordnung, Stand
originalis, -e	ursprünglich, original
	P
pactum -i n.	Abmachung, Vertrag
pactus, -a, -um	vereinbart
par, paris	ebenbürtig , gleich
parare, -o, -avi, -atum	bereiten, vorbereiten
paratus, -a, -um	bereit
parentes, - m.	Eltern
parere, -eo, -ui, -itum	gehorchen
parere, pario, peperi, partum	gebären, erzeugen
paries, parietis m.	Wand

pars, partis f.	Teil, Rolle, Richtung, Seite
particula -ae f.	Bruchstück, Teilchen, Splitter
parvus, -a, -um	klein
pater, patris m.	Vater
patinus, -i m.	Schlittschuh
patinus rotalis m.	Rollschuh, Rollerblade
patria -ae f.	Heimat, Vaterland
patrius, -a, -um	väterlich
patruus -i m.	Onkel
paucus, -a, -um	wenig, gering
paulatim Adv.	allmählich
paulo	kurz, ein wenig, ein bißchen
paulum Adv.	ein bißchen, ein wenig
pauper, pauperis	arm
pax, pacis f.	Friede
pecunia -ae f.	Geld, Vermögen
per	durch, hindurch
pera -ae f.	Rucksack, Ranzen
peragrare, -o, -avi, -atum	bereisen, durchwandern
perditus, -a, -um	verloren, verkommen, kaputt
periculosus, -a, -um	gefährlich
periculum -i n.	Gefahr
periodicum -i n.	Zeitschrift
perire, pereo, perii, peritum	zugrunde gehen, umkommen
permissio, -onis f.	unbekannt
permissio mansionis f.	Aufenthaltserlaubnis
perpetuo Adv.	ununterbrochen, beständig
perpetuus, -a, -um	ununterbrochen, beständig
perscrutare, -o, -avi, -atum	durchsuchen, untersuchen
persecutio, -onis f.	Verfolgung
perturbare, -o, -avi, -atum	verwirren, beunruhigen, stören
perversus, -a, -um	verkehrt, verdreht, widersinnig
petere, peto, petivi, petitum	aufsuchen, erstreben, verlangen
petitio, petitionis f.	Bitte, Bewerbung, Angriff
petitio asyli f.	Asylantrag
philosophicus, -a, -um	philosophisch
pila -ae f.	Ball
pistrinum -i n.	Bäckerei
placenta -ae f.	Kuchen
planeta -ae f.	Planet
plene Adv.	voll
plerumque Adv.	meist, meistens
plerusque, -a, -um	meiste
pneumonia -ae f.	Lungenentzündung
politice	politisch

politicus, -a, -um	politisch
Polonia -ae f.	Polen
populus -i m.	Volk, Volksmenge
porta -ae f.	Tür, Tor
portare, -o, -avi, -atum	tragen, bringen
portatio, -onis f.	Transport
portatio fugitivorum f.	Flüchtlingstransport
post	nach, seit, hinter
post Adv.	später, danach, hinter
postquam	nachdem
potare, -o, -avi, -atum	trinken, saufen
potis, pote	vermögend, mächtig
potius Adv.	eher, lieber
prae	vor, gegenüber, wegen
praebere, -eo, -ui, -itum	gewähren, darreichen, zeigen
praefectus -i m.	Offizier
praeterea Adv.	außerdem
praeterire, -eo, -ii, -itum	vorbeigehen
praeteritus, -a, -um	vergangen
premere, premo, pressi, pressum	drücken, bedrängen
pretium -i n.	Preis, Wert, Lohn
primo Adv.	zuerst, anfangs
primum Adv.	zuerst, fürs Erste
primus, -a, -um	erste
principium -i n.	Anfang, Ursprung, Grundlage
prior, prius	vorherige, frühere
pristinus, -a, -um	früher, vergangen, ehemalig
priusquam	bevor, ehe
pro	vor, für, anstelle, gemäß
probare, -o, -avi, -atum	prüfen, billigen, beweisen
probatio, probationis f.	Test, Überprüfung
probatus, -a, -um	anerkannt, geprüft, bewährt
problema, problematis n.	Problem
procul Adv.	fern, weit weg
prodesse, prosum, profui, -	nützen, nützlich sein
proditor, proditoris m.	Verräter
professor, professoris m.	Professor, Lehrer
prope	nahe bei, nahe an
prope Adv.	in der Nähe
properare, -o, -avi, -atum	eilen
proprius, -a, -um	eigen, eigenständig
propter	wegen, nahe, bei
proximus, -a, -um	nächste, letzte
prudentia -ae f.	Klugheit, Wissen, Einsicht
publicus, -a, -um	öffentlich

puella -ae f.	Mädchen
puer -i m.	Junge
pulcher, -a, -um	schön
purgare, -o, -avi, -atum	reinigen, saubermachen
putare, -o, -avi, -atum	glauben, meinen, halten
putere, -eo, -ui, -itum	stinken, faulig riechen
	Q
qua Adv.	wo, wie, auf welche Weise
quam Adv.	wie, als, möglichst
quamquam	obwohl, obgleich
quando Adv.	wann
quantitas, quantitatis f.	Menge, Zahl, Größe
quartus, -a, -um	vierter
quasi Adv.	gleichsam, als wenn
quattuordecim	vierzehn
qui Adv.	wie
qui, quae, quod	der
quia	weil
quicumque, quaecumque, quodcumque	wer auch immer, jeder der
quidam, quaedam, quoddam	ein gewisser
quinque	fünf
quinquies Adv.	fünfmal
quire, queo, quivi, quitum	können, vermögen
quis, quid	wer, welcher, was
quisnam, quidnam	wer denn
quisquam, quaequam, quidquam	jemand, irgendjemand
quisque, quaeque, quodque	jeder, jeder einzelne
quo Adv.	wohin
quod	weil, dass
quomodo Adv.	wie, auf welche Weise
quondam Adv.	einst, einmal
quoque Adv.	auch
quot	wie viele
quotiescumque Adv.	jedesmal wenn, sooft
	R
rapere, rapio, rapui, raptum	rauben, raffen, entreißen
ratio, rationis f.	Rechnung, Überlegung, Art
recenter	unbekannt
recte Adv.	richtig
rectus, -a, -um	richtig
redire, redeo, redii, reditum	zurückgehen, zurückkehren
referre, refero, rettuli, relatum	zurückbringen, berichten
refugium, -ii n.	Zuflucht, Zufluchtsort
regere, rego, rexi, rectum	lenken, leiten, beherrschen

regio, regionis f.	Gebiet, Gegend
regio perturbationis f.	Krisengebiet
regnare, -o, -avi, -atum	herrschen
religio, religionis f.	Glaube, Verehrung
relinquere, -quo, -qui, relictum	zurücklassen, verlassen
remigrare, -o, -avi, -atum	zurückwandern, zurückkehren
remittere, -o, -misi, -missum	zurückschicken, nachlassen
repetere, -o, -petivi, -retitum	zurückverlangen, wiederholen
res, rei f.	Sache, Ding, Angelegenheit
reservare, -o, -avi, -atum	verschonen, retten, erhalten
responsum -i n.	Antwort, Bescheid
reus -i m.	Angeklagte
revalescere, -esco, -valui, -	erholen, wieder genesen
revenire, -io, reveni, reventum	zurückkommen
reverberare, -o, -avi, -atum	zurückschlagen
revertere, -o, -i, reversum	umkehren, zurückkommen
reverti, revertor, reversus sum	zurückkehren
revocare, -o, -avi, -atum	zurückrufen
ritus, -us m.	Brauch, Sitte
rixa -ae f.	Streit, Rauferei
rogare, -o, -avi, -atum	fragen, bitten, fordern
rogatio, rogationis f.	Frage, Bitte
rotalis, -e	siehe: **patinus rotalis**
ruber, -a, -um	rot
ruina -ae f.	Trümmer, Untergang
rumor, rumoris m.	Gerede, Gerücht
	S
sacer, -a, -um	heilig
saepe Adv.	oft
saepes, saepis f.	Zaun, Gehege
saepius Adv.	öfter
satis Adv.	genug
Scandinavia, -ae f.	Skandinavien
Scandinavicus, -a, -um	skandinavisch
schola -ae f.	Schule
scholasticus, -a, -um	für die Schule, Schul-
scida -ae f.	Blatt, Zettel
scientia rerum publicarum f.	Staatswissenschaft
scire, scio, scivi, scitum	wissen, verstehen
scribere, -o, scripsi, scriptum	schreiben
secundus, -a, -um	zweite, folgende, nächste
securitas, securitatis f.	Sicherheit
securus, -a, -um	sorglos, sicher
sed	aber, sondern

sedare, -o, -avi, -atum	beruhigen, stillen
sedecim	sechzehn
seditio, seditionis f.	Aufstand, Aufruhr, Zwist
seditiosus, -a, -um	aufrührerisch, rebellisch
semper Adv.	immer, stets
sententia -ae f.	Meinung, Satz, Sinn, Sinnspruch
septem	sieben
septentrionalis, -e	nördlich
septimana -ae f.	Woche
sequi, sequor, secutus sum	folgen
serius, -a, -um	zu spät
serus, -a, -um	spät
servare, -o, -avi, -atum	retten, bewahren
sex	sechs
sexualis, -e	sexuell, geschlechtlich, Sexual-
si	wenn, falls, ob
sic Adv.	so, auf diese Weise
sicut Adv.	so wie
similis, -e	ähnlich
simpliciter Adv.	einfach, natürlich, schlicht
simul Adv.	zugleich
sine	ohne
sinere, sino, sivi, situm	lassen, zulassen
singularis, -e	einzeln, einzigartig
singulus, -a, -um	einzelne, je einer
sinister, -tra, -trum	links
situla, -ae f.	Eimer
situs, -a, -um	gelegen, befindlich
socialis, -e	sozial, gesellig
societas, societatis f.	Gesellschaft, Firma, Bündnis
solacium -i n.	Trost
solere, soleo, solitus sum	pflegen
sollicitare, -o, -avi, -atum	beunruhigen, aufwiegeln
solum Adv.	nur
solum -i n.	Boden, Erdboden
solus, sola, solum	allein
solvere, solvo, solvi, solutum	lösen, einlösen
sonare, -o -ui -itum	klingen
soror, sororis f.	Schwester
sororcula -ae f.	kleine Schwester
sperare, -o, -avi, -atum	hoffen, erwarten
statim Adv.	sofort, auf der Stelle
studens, studentis m.	Student
studere, -eo, -ui, -itum	versuchen, sich bemühen
sub	unter, unterhalb

sub	unter, unterhalb, innerhalb
sumere, -o, sumpsi, sumptum	nehmen, aussuchen
superare, -o, -avi, -atum	übertreffen, besiegen
superus, -a, -um	obere
supervivere, -vivo, -vixi, -victum	überleben
sustentare, -o, -avi, -atum	aushalten, unterstützen
sutor, sutoris m.	Schuster
syngraphus -i m.	Pass, Reisepass
	T
taberna -ae f.	Laden, Geschäft, Wirtshaus
talis, -e	derartig, so
tam Adv.	so
tamen	doch, dennoch, trotzdem
tandem Adv.	endlich
tantum Adv.	nur, so viel
tantus, -a, -um	so groß, so viel
tectum -i n.	Dach, Zimmerdecke
tectus, -a, -um	bedeckt, vorsichtig, verborgen
tegere, tego, texi, tectum	decken, zudecken, schützen
telephonulum -i n.	Handy, Mobiltelefon
telum -i n.	Geschoß, Wurfgeschoß, Waffe
temporalis, -e	zeitlich
tempus, temporis n.	Zeit, Zeitpunkt
tenere Adv.	zart, zärtlich, jung
tenere, -eo, -ui, -itum	halten, festhalten, besitzen
tentorium -i n.	Zelt
terminare, -o, -avi, -atum	Befristen, begrenzen
terra -ae f.	Land, Erde
tertius, -a, -um	dritte
texere, texo, texui, textum	häkeln, stricken, weben
timere, -eo, -ui, -itum	fürchten
timor, timoris m.	Furcht
tot	so viele
totus, -a, -um	ganz
tractare, -o, -avi, -atum	behandeln, besprechen
tractatio, -onis f.	Abhandlung
tramen, traminis n.	Eisenbahn, Zug
trans	über, hinüber, jenseits
translatio, translationis f.	Übersetzung
transmittere, -o, -misi, -missum	hinüberschicken, überschreiten
triduum -i n.	drei Tage
triginta	dreißig
tu	du
tum Adv.	dann, darauf, damals, da

tunc Adv.	dann, damals
turba -ae f.	Menschenmenge, Lärm
tutus, -a, -um	sicher
tuus, tua, tuum	dein
tyrannicus, -a, -um	tyrannisch, despotisch
	U
ubi	als, sobald als
ubi Adv.	wo
Ucraina -ae f.	Ukraine
umquam Adv.	jemals
una Adv.	zusammen mit, zugleich
unde Adv.	woher, von wo
unio, unionis f.	Union, Vereinigung
unus, -a, -um	ein
unusquisque, unaquaeque, unumquidque	jeder einzelne
urbs, urbis f.	Stadt, Großstadt
usque Adv.	bis zu, bis an
ut	dass, damit, sodass
uti, utor, usus sum	benutzen, gebrauchen
utinam Adv.	hoffentlich
utique Adv.	jedenfalls, durchaus, unbedingt
ubi	als, sobald als
ubi Adv.	wo
umquam	jemals
Unio Europaea f.	Europäische Union (EU)
	V
vagus, -a, -um	umherschweifend, unstet
vagus, -i m.	Herumtreiber, Straßenjunge
valde Adv.	sehr
valetudinarium -i n.	Krankenhaus
varius, -a, -um	verschieden, bunt, vielfältig
vehere, veho, vexi, vectum	fahren, reisen, reiten, fliegen
vehi, vehor, vectus sum	fahren, reisen, reiten, fliegen
vehiculum -i n.	Wagen, Fahrzeug
vel	oder, sogar
velle, volo, volui, -	wollen
vendere, -o, vendidi, venditum	verkaufen
vendor, vendoribus m.	Verkäufer
venire, venio, veni, ventum	kommen
vernaculus, -a, -um	einheimisch, inländisch
vero Adv.	aber, allerdings, in der Tat
verrere, verro, versui, versum	fegen
versare, -o, -avi, -atum	wenden, erwägen
versari, versor, versatus sum	sich aufhalten, sich beschäftigen

versio, versionis f.	Version
verus, -a, -um	wahr
vespere Adv.	abends
vester, vestra, vestrum	euer
vestis, vestis f.	Kleid, Gewand
vetare, -o -ui -itum	verbieten
vexare, -o, -avi, -atum	quälen, heimsuchen
via, -ae f.	Weg, Strasse, Strecke
vicinus -i m.	Nachbar
vicinus, -a, -um	benachbart
videri, videor, visus sum	scheinen
vincere, vinco, vici, victum	siegen, besiegen, übertreffen
vinum -i n.	Wein
vir -i m.	Mann
vis, - f.	Gewalt, Kraft, Streitkräfte
vita -ae f.	Leben
vitare, -o, -avi, -atum	meiden, vermeiden
vitreus, -a, -um	gläsern
vivere, vivo, vixi, -	leben
vivus, -a, -um	lebendig
vix Adv.	kaum
vocare, -o, -avi, -atum	rufen
volare, -o, -avi, -atum	fliegen, eilen
voluntas, voluntatis f.	Wille, Wunsch